für Laura Schäfer

Claudia Sperlich

Rosenkranz-Sonette

© Claudia Sperlich, 2020
Verlag: tredition GmbH,
Halenreie 40-44 / 22359 Hamburg

Einbandbild und Illustratrionen:
Die abgebildeten Rosenkränze stammen von
Maryse Fritzsch-Thillens, Rosenkranz-Atelier,
1 op der Thonn, L-7270 Helmsange/Luxembourg,
www.rosenkranz-atelier.com
Die Bildrechte sind bei der Künstlerin.

Paperback   ISBN 978-3-347-05506-3
Hardcover   ISBN 978-3-347-05507-0
e-Book   ISBN 978-3-347-05508-7

Inhaltsverzeichnis

Vorwort

Der Rosenkranz hat – wenn man alle „Geheimnisse", also die Einschübe in das Ave, und alle weiteren Gebete sowie den Fatima-Zusatz mitzählt, die Wiederholungen aber außer Acht lässt – dreiunddreißig Gebete.

Ich habe auf jedes Gebet ein Sonett geschrieben – nicht um die Gebete damit zu ersetzen, sondern um den Rosenkranz dichterisch zu erklären. Allen Sonetten stehen die Gebete oder Bibelstellen gegenüber, auf die sich die Sonette bzw. die Einschübe beziehen.

Die abgebildeten Rosenkränze sind handgefertigte Unikate und stammen aus dem Rosenkranz-Atelier von Maryse Fritzsch-Thillens, Luxemburg, rosenkranz-atelier.com.

So betet man den Rosenkranz:

Man beginnt am Kreuz, während man es in der Hand hält, macht man zu den Worten *Im Namen des Vaters und des Sohnes und des Heiligen Geistes* das Kreuzzeichen und betet dann das *Apostolische Glaubensbekenntnis*. Damit hat man eine Zeit der Meditation unter den Schutz des Dreifaltigen Gottes gestellt und sich bewusst zu Ihm bekannt.

Dann „rutscht" man mit den Fingern zur ersten Perle. Dort betet man das *Ehre sei dem Vater* und das *Vater unser*. Indem man sich gläubig zum Dreifaltigen Gott bekennt, kann man nur noch wollen, daß Er immer und überall geehrt wird. Darauf folgt das Bittgebet an den Vater, das der Heilige Geist inspiriert und der Sohn gelehrt hat.

Nun kommen drei Perlen. An ihnen betet man je ein *Gegrüßet seist du, Maria* mit den folgenden Einschüben:

Jesus, der in uns den Glauben vermehre.
Jesus, der in uns die Hoffnung stärke.
Jesus, der in uns die Liebe entzünde.

Die Göttlichen Tugenden Glaube, Hoffnung, Liebe können wir nicht aus eigener Kraft erwerben; sie sind Gnadengaben. Maria besitzt diese Gnadengaben im höchsten Maße (der Engel sprach sie als „Hochbegnadete" an; Elisabeth erkannte sie und den noch ungeborenen Jesus als gleichermaßen „gebenedeit". Es ist daher sinnvoll, sie um Fürbitte anzugehen, wo es um diese Tugenden geht.

An der nächsten einzelnen Perle wiederum das *Ehre sei dem Vater* und *Vater unser*.

Nun gelangt man an die Hauptkette. An den ersten zehn zusammenhängenden Perlen (dem ersten Gesätz) betet man jeweils ein *Gegrüßet seist du, Maria* mit dem ersten Geheimnis als Einschub. So betrachtet man das ganze Leben Jesu gewissermaßen mit den Augen Seiner Mutter.

An der einzelnen Perle wieder ein *Ehre sei dem Vater*.

Dann (immer noch an der einzelnen Perle) ein *Vater unser*.

Beim nächsten Gesätz betet man wiederum zehn mal das *Gegrüßet seist du, Maria* , diesmal mit dem zweiten Geheimnis als Einschub. So geht es weiter.

Am Schluß wird noch einmal das *Ehre sei dem Vater* gebetet.

Nach dem Wunsch, den die Muttergottes gegenüber den Seherkindern in Fatima äußerte, wird heute von vielen Gläubigen nach jedem *Ehre sei dem Vater* eingefügt:

O mein Jesus, verzeih uns unsere Sünden, bewahre uns vor dem Feuer der Hölle, führe alle Seelen in den Himmel, besonders jene, die Deiner Barmherzigkeit am meisten bedürfen.

Dieser Zusatz ist zunächst ein Bußgebet, dann ein Gebet für die Seelen im Fegefeuer; es stellt damit einen besonderen Akt der Nächstenliebe dar. Das Fatima-Gebet wurde nicht päpstlich approbiert, d.h. es ist ein erlaubter Zusatz, aber kein unbedingter Bestandteil des Rosenkranzes.

Möge mein Büchlein dazu beitragen, diese innige und so vernachlässigte Meditation wieder populär zu machen.

Im Namen des Vaters
und des Sohnes
und des Heiligen Geistes.
Amen.

In Nomine

Ich fange an in Gottes heilgem Namen,
Weil alles im Dreifaltigen beginnt.
In Ihm will ich mich bergen wie ein Kind.
Ihm gebe ich mein Wort, mein Ja und Amen.

Er gibt die Zeit und gibt, daß sie verrinnt.
Sein Wort ist allen Daseins Grund und Samen.
Zu uns, die wir durch Ihn ins Leben kamen,
Kommt Er als ungeschaffnes Gotteskind.

Er ist der Geist, der in Maria wirkt,
Er ist der Vater, der den Sohn verbirgt
In ihrem Leib und dann im Felsengrabe.

Er ist der Sohn, der alle Welt befreit
Und der mich an sich zieht in Ewigkeit.
Er gibt mir alles und sich selbst zur Gabe.

Ich glaube an Gott,
den Vater, den Allmächtigen,
den Schöpfer des Himmels und der Erde,
und an Jesus Christus,
Seinen eingeborenen Sohn,
unseren Herrn,
empfangen durch den Heiligen Geist,
geboren von der Jungfrau Maria,
gelitten unter Pontius Pilatus,
gekreuzigt, gestorben und begraben,
hinabgestiegen in das Reich des Todes,
am dritten Tage auferstanden von den Toten,
aufgefahren in den Himmel;
Er sitzt zur Rechten Gottes,
des allmächtigen Vaters,
von dort wird Er kommen,
zu richten die Lebenden und die Toten.
Ich glaube an den Heiligen Geist,
die heilige Katholische Kirche,
Gemeinschaft der Heiligen,
Vergebung der Sünden,
Auferstehung der Toten
und das ewige Leben.
Amen.

Credo

Ich glaub an Gott, den Ewigen Dreieinen,
Den Vater, Sohn und Geist, allmächtig, gut.
Er schenkt die Kirche, schenkt ihr Glaubensmut,
Er schenkt sich selbst, und Er missachtet keinen.

Ich glaube, daß die Kirche in Ihm ruht
Und zu Ihm strebt, mit Ihm sich soll vereinen
Wie eine Braut. Ihr Glauben, Tun und Meinen
Hat Sinn und Ziel allein durch Jesu Blut.

In diesem Glauben birgt sich kein Vielleicht.
„Ich halt für möglich" wäre viel zu seicht.
Ich glaube, hoffe, liebe und vertraue.

Ich traue auf die offenbarte Wahrheit,
Auf Gottes Wort und Seines Geistes Klarheit,
Und darauf, daß ich Ihn einst ewig schaue.

Ehre sei dem Vater
und dem Sohne
und dem Heiligen Geiste,
wie im Anfang,
so auch jetzt und alle Zeit
und in Ewigkeit.
Amen.

Gloria Patri

Ihn, den Dreieinen, will ich immer ehren,
Zu Seiner Ehre darf und will ich leben,
Und alles Sein soll Ihm die Ehre geben,
Nicht Schmeichelei noch Angst soll das verwehren.

Nichts andres gelte mir als Gott daneben,
Nichts, was Ihm widerspricht, soll mich belehren,
Nichts, was von Ihm mich trennt, will ich begehren.
Kein andrer soll an meinem Schicksal weben.

Der Vater hat das Schöpfungswort gesprochen,
Der Sohn hat unsre Schuld am Kreuz gebrochen,
Der Geist gießt in das Leben Mut und Freude.

Und alle Ehre, aller Ruhm gebührt
Dem, der uns schuf und rettet, liebt und führt.
Sein Ruhm erfüllt das ganze Weltgebäude.

O mein Jesus,
verzeih uns unsere Sünden,
bewahre uns vor dem Feuer der Hölle,
führe alle Seelen in den Himmel,
besonders jene,
die Deiner Barmherzigkeit am meisten bedürfen.

Fatima-Gebet

Verzeih! So bitte ich Dich immer wieder,
Weil immer wieder Menschen Dich verfehlen –
So viele, die aus Stolz und Dummheit wählen,
Betört durch des Versuchers eitle Lieder.

Erbarm Dich, Jesus, auch der Armen Seelen
Im Zwischenreich der halberlösten Glieder.
Noch hält die alte Schuld sie schmerzhaft nieder –
Lass sie mit Dir, dem Heiland, sich vermählen!

So viele ließen sich vom Bösen werben
Und sind doch eher töricht als verdorben.
Gedenke, Herr: Du bist für sie gestorben.

Und wer in voller Absicht Dich gekränkt
Und das mit letztem Atem doch bedenkt,
Dem gib in Deiner Liebe gutes Sterben.

Matthäus 6,9-13

Vater unser im Himmel,
geheiligt werden Dein Name.
Dein Reich komme,
Dein Wille geschehe
wie im Himmel, so auf Erden.
Unser tägliches Brot gib uns heute,
und vergib uns unsere Schuld
wie auch wir vergeben unseren Schuldigern.
Und führe uns nicht in Versuchung
sondern erlöse uns von dem Bösen.

Vater Unser

„So sollt ihr beten", hat der Herr gelehrt,
Und alle Christen eint des Herrn Gebet,
Gleich welche Lehre zwischen ihnen steht
Und was die Einheit hemmt, was sie versehrt.

Ich glaube, wer mit diesen Worten fleht,
Wer ohne Falsch den Gott als Gott verehrt,
Dem wird die größte Gabe nicht verwehrt:
Der ist von des Dreieinen Geist umweht.

Selbst wer noch nicht den Herrn als Herrn erkennt,
Wer andres lehrt und wer Ihn anders nennt
Und wer Ihn sucht an fremden, falschen Orten,

Ist er nur ehrlich, wird in diesen Worten
Ein Wahrheitsschimmer ihm vor Augen treten.
Der Herr hat es gelehrt. So sollt ihr beten.

1. Korinther 13,13

Für jetzt bleiben Glaube, Hoffnung, Liebe, diese drei;
doch am größten unter ihnen ist die Liebe.

*

Gegrüßet seist du, Maria, voll der Gnade,
der Herr ist mit dir.
Du bist gebenedeit unter den Frauen
und gebenedeit ist die Frucht deines Leibes,
Jesus, der in uns den Glauben vermehre.
Heilige Maria, Mutter Gottes,
bitte für uns Sünder
jetzt und in der Stunde unseres Todes.

Jesus, der in uns den Glauben vermehre

Maria, Mutter Gottes, Braut der Liebe!
Die zu dem Gottesboten sprach ihr Ja
Die einst im Stall den Neugebornen sah,
Den Sohn am Kreuz, zerfetzt durch Geißelhiebe,

Die, als den Jüngern flammengleich geschah
Erkenntnis in dem jungen Kirchentriebe,
Zum zweiten Mal vom Geist empfing die Liebe –
Dich ruf ich an. Du bist dem Herrn so nah.

Du und der Sohn – zugleich Gebenedeite,
Vom Stall zum Kreuz warst du an Seiner Seite,
Ganz frei von allen Seelenfinsternissen!

Nur fremde Sünde hat dein Herz zerrissen.
Dir konnte nichts das Gottvertrauen rauben.
Bitt deinen Sohn. Er mehre unsern Glauben.

1. Korinther 13,13

Für jetzt bleiben Glaube, Hoffnung, Liebe, diese drei;
doch am größten unter ihnen ist die Liebe.

*

Gegrüßet seist du, Maria, voll der Gnade,
der Herr ist mit dir.
Du bist gebenedeit unter den Frauen
und gebenedeit ist die Frucht deines Leibes,
Jesus, der in uns die Hoffnung stärke.
Heilige Maria, Mutter Gottes,
bitte für uns Sünder
jetzt und in der Stunde unseres Todes.

Jesus, der in uns die Hoffnung stärke

Gott, lass mich nicht auf eigne Klugheit bauen,
Lass nicht den Argwohn meine Hoffnung fressen.
Denn wer auf Dich nicht hofft, der wird vermessen –
Der erntet nur Enttäuschung, Angst und Grauen.

Bin ich auf eignen Lebensplan versessen,
Dann lehr mich neu, Dir völlig zu vertrauen.
Nähr meine Sehnsucht, Dich einst ganz zu schauen,
Und lass mich nie Dein Himmelreich vergessen.

Maria, wo die Worte mir versagen,
Sind deine Worte schon zu dem geflogen,
Der selbst die Hoffnung ist und Hoffnung schenkt.

Du hast die Hoffnung aller Welt getragen,
Geboren und genährt und aufgezogen –
Bitt Ihn, daß Er mein Hoffen stärkt und lenkt.

1. Korinther 13,13

Für jetzt bleiben Glaube, Hoffnung, Liebe, diese drei;
doch am größten unter ihnen ist die Liebe.

*

Gegrüßet seist du, Maria,
voll der Gnade,
der Herr ist mit dir.
Du bist gebenedeit unter den Frauen
und gebenedeit ist die Frucht deines Leibes,
Jesus, der in uns die Liebe entzünde.
Heilige Maria,
Mutter Gottes,
bitte für uns Sünder
jetzt und in der Stunde unseres Todes.

Jesus, der in uns die Liebe entzünde

Nicht Wissenschaft und Weisheit kann genügen,
Nicht einmal Glaubensmut und Zuversicht,
Wenn Liebe nicht dazu mit warmem Licht
Uns leuchtet in das Tal zu Höhenflügen.

Aus Liebe trug Gott menschliches Gesicht,
Und Liebe spiegelt sich in heil'gen Zügen.
Nichts andres rettet je vor List und Lügen.
Nur Liebe fällt am Ende ins Gewicht.

Dich hat der Herr in Liebe auserkoren,
Du hast Ihn in die Welt voll Not geboren,
Du liebtest Ihn vom Anfang bis zum Ende.

Zieh uns an Jesu Herz, an Jesu Hände!
Bitt Ihn, den Alten Bundes Schriften künden,
In uns der Liebe Feuer zu entzünden.

Die freudenreichen Geheimnisse

Lukas 1,28-35

Der Engel trat bei ihr ein und sagte: „Sei gegrüßt, du Begnadete, der Herr ist mit dir." Sie erschrak über die Anrede und überlegte, was dieser Gruß zu bedeuten habe. Da sagte der Engel zu ihr: „Fürchte dich nicht, Maria; denn du hast bei Gott Gnade gefunden. Siehe, du wirst schwanger werden und einen Sohn wirst du gebären; dem sollst du den Namen Jesus geben. Er wird groß sein und Sohn des Höchsten genannt werden. Gott, der Herr, wird Ihm den Thron Seines Vaters David geben. Er wird über das Haus Jakob in Ewigkeit herrschen und Seine Herrschaft wird kein Ende haben." Maria sagte zu dem Engel: „Wie soll das geschehen, da ich keinen Mann erkenne?" Der Engel antwortete ihr: „Heiliger Geist wird über dich kommen und Kraft des Höchsten wird dich überschatten. Deshalb wird auch das Kind heilig und Sohn Gottes genannt werden. Siehe, auch Elisabeth, deine Verwandte, hat noch in ihrem Alter einen Sohn empfangen; obwohl sie als unfruchtbar gilt, ist sie schon im sechsten Monat. Denn für Gott ist nichts unmöglich." Da sagte Maria: „Siehe, ich bin die Magd des Herrn; mir geschehe, wie du es gesagt hast." Danach verließ sie der Engel.

Jesus, den du, o Jungfrau, vom Heiligen Geist empfangen hast

Du hast des Engels Botschaft angenommen
Und fragtest nur, die Botschaft zu verstehen.
In dir ist Gott durch Seines Geistes Wehen
Als Menschenkind in diese Welt gekommen.

Du sprachst: „Nach Gottes Wort soll mir geschehen."
Voll Demut warst du, aber nicht beklommen,
Die Worte einfach, aber nicht verschwommen.
Du hast das Wort empfangen und gesehen.

Hilf mir, im Geist das Wort auch zu empfangen.
Hilf mir, zu tun, was ich davon begreife –
Ich will und kann nichts Höheres verlangen.

Du hörtest voll Vertrauen auf den Künder –
Maria, hilf, daß mein Vertrauen reife.
Du Braut und Mutter, bitte für uns Sünder.

Lukas 1,39-56

In diesen Tagen machte sich Maria auf den Weg und eilte in eine Stadt im Bergland von Judäa. Sie ging in das Haus des Zacharias und begrüßte Elisabet. Und es geschah, als Elisabet den Gruß Marias hörte, hüpfte das Kind in ihrem Leib. Da wurde Elisabet vom Heiligen Geist erfüllt und rief mit lauter Stimme: „Gesegnet bist du unter den Frauen und gesegnet ist die Frucht deines Leibes. Wer bin ich, daß die Mutter Herrn zu mir kommt? Denn siehe, in dem Augenblick, als ich deinen Gruß hörte, hüpfte das Kind vor Freude in meinem Leib. Und selig, die geglaubt hat, daß sich erfüllt, was der Herr ihr sagen ließ." Da sagte Maria: „Meine Seele preist die Größe des Herrn und mein Geist jubelt über Gott, meinen Retter. Denn auf die Niedrigkeit seiner Magd hat Er geschaut. Siehe, von nun an preisen mich selig alle Geschlechter. Denn der Mächtige hat Großes an mir getan und Sein Name ist heilig. Er erbarmt sich von Geschlecht zu Geschlecht über alle, die Ihn fürchten. Er vollbringt mit seinem Arm machtvolle Taten: Er zerstreut, die im Herzen voll Hochmut sind; Er stürzt die Mächtigen vom Thron und erhöht die Niedrigen. Die Hungernden beschenkt Er mit Seinen Gaben und lässt die Reichen leer ausgehen. Er nimmt sich Seines Knechtes Israel an und denkt an Sein Erbarmen, das Er unsern Vätern verheißen hat, Abraham und seinen Nachkommen auf ewig." Und Maria blieb etwa drei Monate bei ihr; dann kehrte sie nach Hause zurück.

Jesus, den du, o Jungfrau, zu Elisabeth getragen hast

Voll Freude und Geheimnis, übergroß,
Hält es dich nicht im lauten Nazareth.
Verwandtes Schicksal trägt Elisabeth:
Ein Kind in ihrem lang verschlossnen Schoß.

Ihr Kind bewegt sich froh, und sie versteht;
Ihr beide preist den Herrn und euer Los.
Du, froh und voller Seligkeit, siehst bloß
Auf Gottes Werk, und alles wird Gebet.

Der Herr kann dich als Ungeborner führen,
Johannes kann im Mutterleib Ihn spüren,
Elisabeth begreift, wer in dir wohnt.

Du aber weißt für immer dich gesegnet.
Bitt du, wenn Gnade mächtig mir begegnet,
Daß Gott vor allem Hochmut mich verschont.

Lukas 2,1-7

Es geschah aber in jenen Tagen, daß Kaiser Augustus den Befehl erließ, den ganzen Erdkreis in Steuerlisten einzutragen. Diese Aufzeichnung war die erste; damals war Quirinius Statthalter von Syrien. Da ging jeder in seine Stadt, um sich eintragen zu lassen. So zog auch Josef von der Stadt Nazaret in Galiläa hinauf nach Judäa in die Stadt Davids, die Betlehem heißt; denn er war aus dem Haus und Geschlecht Davids. Er wollte sich eintragen lassen mit Maria, seiner Verlobten, die ein Kind erwartete. Es geschah, als sie dort waren, da erfüllten sich die Tage, daß sie gebären sollte, und sie gebar ihren Sohn, den Erstgeborenen. Sie wickelte Ihn in Windeln und legte Ihn in eine Krippe, weil in der Herberge kein Platz für sie war.

Jesus, den du, o Jungfrau, in Bethlehem geboren hast

Das Kaiserreich braucht Steuern zum Bestehen,
Und die Erhebung ist die reinste Plage.
Von Nazareth nach Bethlehem, drei Tage
Musst du zu Fuß mit schwerem Leibe gehen.

Kein Mensch begegnet Josephs banger Frage,
Doch endlich ist, als Antwort auf sein Flehen,
In Bethlehem ein leerer Stall zu sehen.
Bald liegt dein Erstgeborner im Verschlage.

Du Mutter aller, denk an jene Armen,
Von Not, Gewalt und Drohung fortgetrieben,
Die obdachlos und ohne Schutz gebären.

Zeig auch den Ungewollten dein Erbarmen,
Bitt du für ihre Mütter, sie zu lieben,
Und lass die Mordfabriken nicht gewähren.

Lukas 2,22-32.36-38

Als sich für sie die Tage der vom Gesetz des Mose vorgeschriebenen Reinigung erfüllt hatten, brachten sie das Kind nach Jerusalem hinauf, um es dem Herrn darzustellen, wie im Gesetz des Herrn geschrieben ist: Jede männliche Erstgeburt soll dem Herrn heilig genannt werden. Auch wollten sie ihr Opfer darbringen, wie es das Gesetz des Herrn vorschreibt: ein Paar Turteltauben oder zwei junge Tauben. Und siehe, in Jerusalem lebte ein Mann namens Simeon. Dieser Mann war gerecht und fromm und wartete auf den Trost Israels und der Heilige Geist ruhte auf ihm. Vom Heiligen Geist war ihm offenbart worden, er werde den Tod nicht schauen, ehe er den Christus des Herrn gesehen habe. Er wurde vom Geist in den Tempel geführt; und als die Eltern das Kind Jesus hereinbrachten, um mit Ihm zu tun, was nach dem Gesetz üblich war, nahm Simeon das Kind in seine Arme und pries Gott mit den Worten: „Nun lässt Du, Herr, Deinen Knecht, wie du gesagt hast, in Frieden scheiden. Denn meine Augen haben das Heil gesehen, das Du vor allen Völkern bereitet hast, ein Licht, das die Heiden erleuchtet, und Herrlichkeit für Dein Volk Israel."

Damals lebte auch Hanna, eine Prophetin, eine Tochter Penuëls, aus dem Stamm Ascher. Sie war schon hochbetagt. Als junges Mädchen hatte sie geheiratet und sieben Jahre mit ihrem Mann gelebt; nun war sie eine Witwe von vierundachtzig Jahren. Sie hielt sich ständig im Tempel auf und diente Gott Tag und Nacht mit Fasten und Beten. Zu derselben Stunde trat sie hinzu, pries Gott und sprach über das Kind zu allen, die auf die Erlösung Jerusalems warteten.

Jesus, den du, o Jungfrau, im Tempel aufgeopfert hast

Du hast den Sohn dem Vater dargebracht
Im Tempel, nach der frommen Väter Weise.
Zwei Tauben gabst du hin zum Lösepreise,
Da deine Zeit der Reinigung vollbracht.

Da sah sich Simeon am Ziel der Reise,
Und Hannas Jubel hat dein Sohn entfacht.
Du hast im Herzen lang noch nachgedacht,
Bewegtest jene Worte in dir leise.

Die immer Reine ist für rein erklärt,
Der Herr zum Opfer für sich selbst gegeben,
Das Leben ist bestätigt als das Leben.

Du und dein Sohn – von keiner Schuld beschwert,
Habt ihr Gesetzespflicht auf euch genommen.
Maria, hilf, daß wir zu Jesus kommen.

Lukas 2,41-52

Die Eltern Jesu gingen jedes Jahr zum Paschafest nach Jerusalem. Als Er zwölf Jahre alt geworden war, zogen sie wieder hinauf, wie es dem Festbrauch entsprach. Nachdem die Festtage zu Ende waren, machten sie sich auf den Heimweg. Der Knabe Jesus aber blieb in Jerusalem, ohne daß Seine Eltern es merkten. Sie meinten, Er sei in der Pilgergruppe, und reisten eine Tagesstrecke weit; dann suchten sie Ihn bei den Verwandten und Bekannten. Als sie Ihn nicht fanden, kehrten sie nach Jerusalem zurück und suchten nach Ihm. Da geschah es, nach drei Tagen fanden sie Ihn im Tempel; Er saß mitten unter den Lehrern, hörte ihnen zu und stellte Fragen. Alle, die Ihn hörten, waren erstaunt über Sein Verständnis und über Seine Antworten. Als seine Eltern Ihn sahen, waren sie voll Staunen und Seine Mutter sagte zu Ihm: „Kind, warum hast Du uns das angetan? Siehe, Dein Vater und ich haben Dich mit Schmerzen gesucht." Da sagte Er zu ihnen: „Warum habt ihr Mich gesucht? Wusstet ihr nicht, daß Ich in dem sein muss, was Meinem Vater gehört?" Doch sie verstanden das Wort nicht, das Er zu ihnen gesagt hatte. Dann kehrte Er mit ihnen nach Nazaret zurück und war ihnen gehorsam. Seine Mutter bewahrte all die Worte in ihrem Herzen. Jesus aber wuchs heran und Seine Weisheit nahm zu und Er fand Gefallen bei Gott und den Menschen.

Jesus, den du, o Jungfrau, im Tempel wiedergefunden hast

Du trautest Ihm und ließest frei Ihn gehen,
Du hast vertraut, hast Ihn nicht angebunden.
Dann war Er in der Pilgerschar verschwunden,
Zwei Tage und zwei Nächte nicht zu sehen.

Im Tempel hast Du endlich Ihn gefunden.
Er hört und fragt und lehrt die Schrift verstehen.
Man staunt, und mancher sieht es schon geschehen:
Der wird einmal die Lehrer überrunden!

„Warum hast Du uns das getan, mein Kind?"
„Was habt ihr Mich gesucht?" Die Worte blieben
In deinem Herzen liebevoll bewahrt.

Maria, hilf, wenn wir voll Sorgen sind.
Lehr uns, vor allen andern Gott zu lieben,
Der uns in Seinem Hause um Sich schart.

Die lichtreichen Geheimnisse

Matthäus 3,13-17

Zu dieser Zeit kam Jesus von Galiläa an den Jordan zu Johannes, um sich von ihm taufen zu lassen. Johannes aber wollte es nicht zulassen und sagte zu Ihm: „Ich müsste von Dir getauft werden und Du kommst zu mir?" Jesus antwortete ihm: „Lass es nur zu! Denn so können wir die Gerechtigkeit ganz erfüllen." Da gab Johannes nach. Als Jesus getauft war, stieg Er sogleich aus dem Wasser herauf. Und siehe, da öffnete sich der Himmel und Er sah den Geist Gottes wie eine Taube auf sich herabkommen. Und siehe, eine Stimme aus dem Himmel sprach: „Dieser ist Mein geliebter Sohn, an dem Ich Wohlgefallen gefunden habe."

Jesus, der von Johannes getauft worden ist

Johannes ruft zur Umkehr, tauft zum Leben.
Der Herr ist frei von Schuld und Seelennot,
Und nimmt doch an die Taufe wie den Tod
Und macht die Pfade des Gerechten eben.

Der Sohn beugt sich dem göttlichen Gebot.
Geist Gottes sieht Er auf sich niederschweben,
Er hört den Vater liebend Antwort geben,
Dreifaltig, heilig, mit sich selbst im Lot.

Ich bin getauft wie Er – warum so bange?
Gott nennt mich Sein geliebtes Kind schon lange,
Warum bin ich voll Angst in dieser Welt?

Maria, hält die Angst mich wieder fest,
Dann zeige mir mein unzerstörtes Nest:
Bin Kind des Einen, der uns alle hält.

Johannes 2,1-11

Am dritten Tag fand in Kana in Galiläa eine Hochzeit statt und die Mutter Jesu war dabei. Auch Jesus und Seine Jünger waren zur Hochzeit eingeladen. Als der Wein ausging, sagte die Mutter Jesu zu Ihm: „Sie haben keinen Wein mehr." Jesus erwiderte ihr: „Was willst du von mir, Frau? Meine Stunde ist noch nicht gekommen." Seine Mutter sagte zu den Dienern: „Was Er euch sagt, das tut!" Es standen dort sechs steinerne Wasserkrüge, wie es der Reinigungssitte der Juden entsprach; jeder fasste ungefähr hundert Liter. Jesus sagte zu den Dienern: „Füllt die Krüge mit Wasser!" Und sie füllten sie bis zum Rand. Er sagte zu ihnen: „Schöpft jetzt und bringt es dem, der für das Festmahl verantwortlich ist!" Sie brachten es ihm. Dieser kostete das Wasser, das zu Wein geworden war. Er wusste nicht, woher der Wein kam; die Diener aber, die das Wasser geschöpft hatten, wussten es. Da ließ er den Bräutigam rufen und sagte zu ihm: „Jeder setzt zuerst den guten Wein vor und erst, wenn die Gäste zu viel getrunken haben, den weniger guten. Du jedoch hast den guten Wein bis jetzt aufbewahrt." So tat Jesus Sein erstes Zeichen, in Kana in Galiläa, und offenbarte Seine Herrlichkeit und Seine Jünger glaubten an Ihn.

Jesus, der sich
bei der Hochzeit in Kana offenbart hat

„Sie haben keinen Wein," hört man dich sagen,
Gehorsam hat dein Sohn es aufgenommen,
Da noch die Abschiedsstunde nicht gekommen –
Und niemand musste über Mangel klagen.

Den Wasserkrügen wurde Wein entnommen,
Nicht nur zum Festmahl und zum Wohlbehagen.
Ein Bild von Macht und Schönheit ließ Er tagen,
Ein Bild von Blut und Tod war aufgeglommen.

Du glaubtest an das Wort und Seine Macht
Und trautest auf den Reichtum Seiner Gaben.
Dies Wunder hat Er auf dein Wort vollbracht.

Maria, bitt für uns in harter Zeit,
Wenn wir vermeintlich nichts zu feiern haben,
Daß von den Sorgen uns dein Sohn befreit.

Markus 1,15

Die Zeit ist erfüllt, das Reich Gottes ist nahe. Kehrt um und glaubt an das Evangelium!

Matthäus 5,3-12

Selig, die arm sind vor Gott; denn ihnen gehört das Himmelreich. Selig die Trauernden; denn sie werden getröstet werden. Selig die Sanftmütigen; denn sie werden das Land erben. Selig, die hungern und dürsten nach der Gerechtigkeit; denn sie werden gesättigt werden. Selig die Barmherzigen; denn sie werden Erbarmen finden. Selig, die rein sind im Herzen; denn sie werden Gott schauen. Selig, die Frieden stiften; denn sie werden Kinder Gottes genannt werden. Selig, die verfolgt werden um der Gerechtigkeit willen; denn ihnen gehört das Himmelreich. Selig seid ihr, wenn man euch schmäht und verfolgt und alles Böse über euch redet um meinetwillen. Freut euch und jubelt: Denn euer Lohn wird groß sein im Himmel. So wurden nämlich schon vor euch die Propheten verfolgt.

Jesus, der uns
das Reich Gottes verkündet hat

Das Gottesreich ist nah, erfüllt die Zeit,
Kehrt um und glaubt und seid im Herzen rein.
Den Armen wird der Himmel eigen sein,
Den Sanften liegt ein schönes Land bereit.

Ihr dürft voll Jubel noch im Elend sein:
Gestillt wird Hunger nach Gerechtigkeit.
Ihr werdet einst von aller Not befreit,
Dann wird um euch der Glanz des Vaters sein.

Was Gott verheißen hat, das wird Er halten.
Er ist der Herr der Mächte und Gewalten,
Der Heiland aller, die auf Ihn vertrauen.

Maria, hohe Frau und kleine Magd,
Bitt Ihn, der Seligkeit dir zugesagt,
daß wir in Seligkeit Ihn ewig schauen.

Matthäus 17,1-8

Sechs Tage danach nahm Jesus Petrus, Jakobus und dessen Bruder Johannes beiseite und führte sie auf einen hohen Berg. Und Er wurde vor ihnen verwandelt; Sein Gesicht leuchtete wie die Sonne und Seine Kleider wurden weiß wie das Licht. Und siehe, es erschienen ihnen Mose und Elija und redeten mit Jesus. Und Petrus antwortete und sagte zu Jesus: „Herr, es ist gut, daß wir hier sind. Wenn Du willst, werde ich hier drei Hütten bauen, eine für Dich, eine für Mose und eine für Elija." Noch während er redete, siehe, eine leuchtende Wolke überschattete sie und siehe, eine Stimme erscholl aus der Wolke: „Dieser ist Mein geliebter Sohn, an dem Ich Wohlgefallen gefunden habe; auf Ihn sollt ihr hören." Als die Jünger das hörten, warfen sie sich mit dem Gesicht zu Boden und fürchteten sich sehr. Da trat Jesus zu ihnen, fasste sie an und sagte: „Steht auf und fürchtet euch nicht!" Und als sie aufblickten, sahen sie niemanden außer Jesus allein.

Jesus, der auf dem Berg verklärt worden ist

Er strahlte plötzlich auf wie Sonnenlicht.
Was auch geboten ist und prophezeit,
Er hat's erfüllt und Er hat uns befreit.
Er ist das Wort – und Sein Wort hat Gewicht.

Gott hat den Sohn bestätigt und geweiht.
Die Jünger bargen furchtsam ihr Gesicht,
Da sprach der Herr: „Steht auf und fürchtet nicht!"
Sie standen auf, für Ihn allein bereit.

Licht Christi fiel auf Moses und Elias,
Der Sohn des Ewigen ist der Messias,
Der Alte Bund erstrahlt im Licht des Neuen.

Maria, hilf und bitt für uns, daß nie
Vergessen wird Gesetz und Prophetie,
Daß sich an der Erfüllung alle freuen.

Matthäus 26,20-28

Als es Abend wurde, begab Er sich mit den zwölf Jüngern zu Tisch. Und während sie aßen, sprach Er: „Amen, Ich sage euch: Einer von euch wird mich ausliefern." Da wurden sie sehr traurig und einer nach dem andern fragte Ihn: „Bin ich es etwa, Herr?" Er antwortete: „Der die Hand mit Mir in die Schüssel eintunkt, wird Mich ausliefern. Der Menschensohn muss zwar Seinen Weg gehen, wie die Schrift über Ihn sagt. Doch weh dem Menschen, durch den der Menschensohn ausgeliefert wird! Für ihn wäre es besser, wenn er nie geboren wäre." Da fragte Judas, der Ihn auslieferte: „Bin ich es etwa, Rabbi?" Jesus antwortete: „Du sagst es." Während des Mahls nahm Jesus das Brot und sprach den Lobpreis; dann brach Er das Brot, reichte es den Jüngern und sagte: „Nehmt und esst; das ist mein Leib." Dann nahm Er den Kelch, sprach das Dankgebet, gab ihn den Jüngern und sagte: „Trinkt alle daraus; das ist Mein Blut des Bundes, das für viele vergossen wird zur Vergebung der Sünden."

Jesus, der uns die Eucharistie geschenkt hat

„Dies ist Mein Leib – dies ist des Bundes Blut,
Vergossen, um die Sünden zu vergeben."
Der Herr gibt Seinen eignen Leib, Sein Leben
Auch dem, der unbegreiflich Böses tut.

Wenn heute Priester Seinen Leib erheben,
Spricht Er durch sie, auf Seinem Wort beruht
Die Wandlung, unbegreiflich hohes Gut,
Und Engel jubeln und Dämonen beben.

„Bin ich es etwa, Herr?" kann jeder fragen.
„Du sagst es", wird ihm sein Gewissen sagen,
Der Heiland will mit Seinem Leib ihn heilen.

Maria, lehr uns, den wir Heiland nennen
In der Gestalt von Brot und Wein zu kennen
Und gern vor Ihm in Andacht zu verweilen.

Die schmerzhaften Geheimnisse

Lukas 22,39-46

Dann verließ Jesus die Stadt und ging, wie Er es gewohnt war, zum Ölberg; Seine Jünger folgten Ihm. Als Er dort war, sagte er zu ihnen: „Betet, daß ihr nicht in Versuchung geratet!" Dann entfernte Er sich von ihnen ungefähr einen Steinwurf weit, kniete nieder und betete: „Vater, wenn du willst, nimm diesen Kelch von Mir! Aber nicht Mein, sondern Dein Wille soll geschehen." Da erschien ihm ein Engel vom Himmel und stärkte Ihn. Und Er betete in Seiner Angst noch inständiger und Sein Schweiß war wie Blut, das auf die Erde tropfte. Nach dem Gebet stand Er auf, ging zu den Jüngern zurück und fand sie schlafend; denn sie waren vor Kummer erschöpft. Da sagte Er zu ihnen: „Wie könnt ihr schlafen? Steht auf und betet, damit ihr nicht in Versuchung geratet!"

Jesus, der für uns Blut geschwitzt hat

In einem Garten kniet Er zum Gebet
Und sieht voll Angst den nahen Kreuzestod.
Sein Angstschweiß tropft zur Erde blutig rot.
Die Jünger schlafen. Denn es ist schon spät.

Er nimmt vom Vater an den Kelch der Not.
Ein Himmelsbote tröstend bei Ihm steht.
Der Herr, der aufrecht zu den Jüngern geht,
Er ist vergossner Wein, gebrochnes Brot.

Maria, hilf, wenn Todesangst uns drückt,
Wenn wir verängstigt sind und halb verrückt,
Daß wir dann nach Getsemane uns wenden

Und auf den schauen, der für uns erlitt
Weit mehr als Angst, für uns den Tod durchschritt
Und der uns segnet mit durchbohrten Händen.

Lukas 23,13-24

Pilatus rief die Hohepriester und die anderen
führenden Männer und das Volk zusammen und sagte
zu ihnen: „Ihr habt mir diesen Menschen hergebracht
und behauptet, Er wiegle das Volk auf. Und siehe, ich
selbst habe ihn in eurer Gegenwart verhört und habe an
diesem Menschen die Schuld, wegen der ihr Ihn
anklagt, nicht gefunden, auch Herodes nicht, denn er
hat ihn zu uns zurückgeschickt. Ihr seht also: Er hat
nichts getan, worauf die Todesstrafe steht. Daher will
ich Ihn auspeitschen lassen und dann freilassen."

Jesus, der für uns gegeißelt worden ist

Zerrissen wurde meines Heilands Haut
Von bleibewehrter Geißel. Der das tat,
Tat seinen Dienst als römischer Soldat.
Vielleicht hat heimlich ihn davor gegraut,

Doch hielt er Ungehorsam für Verrat –
Und hat nur möglichst wenig hingeschaut.
Vielleicht hat er Pilatus blind vertraut,
Als käm von dem nur Recht und guter Rat.

Vielleicht hat er verkehrte Lust empfunden,
Als er den Herrn hat auf Befehl geschunden.
Vielleicht gehorchte er in dumpfem Schweigen.

Maria, hilf uns, Böses klar zu sehen,
Auf eigene Gefahr zu widerstehen,
Und bitt den Herrn, uns Seinen Weg zu zeigen.

Matthäus 27,27-30

Da nahmen die Soldaten des Statthalters Jesus, führten Ihn in das Prätorium und versammelten die ganze Kohorte um Ihn. Sie zogen Ihn aus und legten Ihm einen purpurroten Mantel um. Dann flochten sie einen Kranz aus Dornen; den setzten sie Ihm auf das Haupt und gaben Ihm einen Stock in die rechte Hand. Sie fielen vor Ihm auf die Knie und verhöhnten Ihn, indem sie riefen: „Sei gegrüßt, König der Juden!" Und sie spuckten Ihn an, nahmen Ihm den Stock wieder weg und schlugen damit auf Seinen Kopf.

Jesus, der für uns
mit Dornen gekrönt worden ist

Pilatus knickte ein. Der Mob gewann.
Man schleppte Jesus weg vom Richterthrone
Zum Spiel, getrieben mit dem Gottessohne
Vor gaffenden vierhundertachtzig Mann.

Sie pressten auf Sein Haupt die Dornenkrone
Und grölten, als Ihm Blut ins Auge rann:
„He, Judenkönig!", spuckten Ihn dann an
Und knieten vor dem Herrn der Welt zum Hohne.

Ich kann nicht sagen, daß ich nie der Menge
Zum Bösen folgte wider bessres Wissen.
Vielleicht hat mein Spott auch ein Herz zerrissen.

Maria, hilf in deiner großen Gnade,
Daß ich dem Nächsten nicht aus Spottlust schade
Und nicht die Masse mich zur Sünde dränge.

Johannes 19,17

Und Er selbst trug das Kreuz und ging hinaus zur sogenannten Schädelstätte, die auf Hebräisch Golgotha heißt.

Markus 15,20-22

Nachdem sie so ihren Spott mit Ihm getrieben hatten, nahmen sie Ihm den Purpurmantel ab und zogen Ihm Seine eigenen Kleider wieder an. Dann führten sie Jesus hinaus, um Ihn zu kreuzigen. Einen Mann, der gerade vom Feld kam, Simon von Kyrene, den Vater des Alexander und des Rufus, zwangen sie, Sein Kreuz zu tragen. Und sie brachten Jesus an einen Ort namens Golgotha, das heißt übersetzt: Schädelhöhe.

Jesus, der für uns
das schwere Kreuz getragen hat

Bis vor die Stadt hat Er das Kreuz getragen.
Dann stürzte Er, und die Soldaten zwangen
Den Zyrenäer, den sie abgefangen.
„Trag du das Holz, und stell hier keine Fragen."

Voll Zorn und Ekel, Mitleid auch und Bangen
Sieht Simon die zwei andern Kreuze ragen
Und neben sich, geschunden und zerschlagen,
Den Herrn, der für ihn diesen Weg gegangen.

Der Herr und Simon von Zyrene – beide
Einander dienend kurze Zeit vereint,
Da sie nach Golgotha gemeinsam gehen.

Maria, hilf uns, treu zu Christus stehen,
Auch wenn ein Kreuz uns übergroß erscheint,
Und lehre uns zu dienen auch im Leide.

Lukas 23,33-47

Sie kamen an den Ort, der Schädelhöhe heißt; dort kreuzigten sie Ihn und die Verbrecher, den einen rechts von Ihm, den andern links. Jesus aber betete: „Vater, vergib ihnen, denn sie wissen nicht, was sie tun!" Um Seine Kleider zu verteilen, warfen sie das Los. Das Volk stand dabei und schaute zu; auch die führenden Männer verlachten Ihn und sagten: „Andere hat Er gerettet, nun soll Er sich selbst retten, wenn Er der Christus Gottes ist, der Erwählte." Auch die Soldaten verspotteten Ihn; sie traten vor Ihn hin, reichten Ihm Essig und sagten: „Wenn Du der König der Juden bist, dann rette Dich selbst!" Über Ihm war eine Aufschrift angebracht: Das ist der König der Juden. Einer der Verbrecher, die neben Ihm hingen, verhöhnte Ihn: „Bist Du denn nicht der Christus? Dann rette Dich selbst und auch uns!" Der andere aber wies ihn zurecht und sagte: „Nicht einmal du fürchtest Gott? Dich hat doch das gleiche Urteil getroffen. Uns geschieht recht, wir erhalten den Lohn für unsere Taten; dieser aber hat nichts Unrechtes getan." Dann sagte er: „Jesus, denk an mich, wenn Du in Dein Reich kommst!" Jesus antwortete ihm: „Amen, ich sage dir: Heute noch wirst du mit Mir im Paradies sein." Es war schon um die sechste Stunde, als eine Finsternis über das ganze Land hereinbrach - bis zur neunten Stunde. Die Sonne verdunkelte sich. Der Vorhang im Tempel riss mitten entzwei. Und Jesus rief mit lauter Stimme: „Vater, in Deine Hände lege ich Meinen Geist." Mit diesen Worten hauchte Er den Geist aus.

Jesus, der für uns gekreuzigt worden ist

Du hörtest, wie sie Nägel in Ihn trieben.
Es stank auf Golgotha nach Schweiß und Blut.
Bei Ihm, der doch zu allen Menschen gut,
Sind unterm Kreuz mit dir nur zwei geblieben.

Du warst voll Trauer, aber ohne Wut,
Nichts Böses war dir je ins Herz geschrieben.
Du warst von Anfang an ganz frei, zu lieben.
In dir hat Gott, und du in Ihm, geruht.

„Sieh, deinen Sohn. - Sieh deine Mutter hier."
Noch sterbend hütete Er dich vor Schaden.
Johannes fing dich auf und blieb bei dir.

Für mich starb Gott. Er ist mein Weg zum Leben.
Nun bitt ich dich, Maria, voll der Gnaden:
Bitt Ihn, mir meine Sünden zu vergeben.

Die glorreichen Geheimnisse

Markus 16,1-10

Als der Sabbat vorüber war, kauften Maria aus Magdala, Maria, die Mutter des Jakobus, und Salome wohlriechende Öle, um damit zum Grab zu gehen und Jesus zu salben. Am ersten Tag der Woche kamen sie in aller Frühe zum Grab, als eben die Sonne aufging. Sie sagten zueinander: „Wer könnte uns den Stein vom Eingang des Grabes wegwälzen?" Doch als sie hinblickten, sahen sie, daß der Stein schon weggewälzt war; er war sehr groß. Sie gingen in das Grab hinein und sahen auf der rechten Seite einen jungen Mann sitzen, der mit einem weißen Gewand bekleidet war; da erschraken sie sehr. Er aber sagte zu ihnen: „Erschreckt nicht! Ihr sucht Jesus von Nazaret, den Gekreuzigten. Er ist auferstanden; Er ist nicht hier. Seht, da ist die Stelle, wohin man Ihn gelegt hat. Nun aber geht und sagt Seinen Jüngern und dem Petrus: Er geht euch voraus nach Galiläa; dort werdet ihr Ihn sehen, wie Er es euch gesagt hat." Da verließen sie das Grab und flohen; denn Schrecken und Entsetzen hatte sie gepackt. Und sie sagten niemandem etwas davon; denn sie fürchteten sich. Als Jesus am frühen Morgen des ersten Wochentages auferstanden war, erschien Er zuerst Maria aus Magdala, aus der Er sieben Dämonen ausgetrieben hatte. Sie ging und berichtete es denen, die mit Ihm zusammengewesen waren und die nun klagten und weinten.

Jesus, der von den Toten auferstanden ist

Sie kamen voller Trauer, und sie fanden
Das Grab geöffnet, Jesu Leichnam fort.
Ein Bote saß dort, sprach das frohe Wort:
„Er ist nicht hier, denn Er ist auferstanden!"

Voll Schrecken flohen sie von jenem Ort,
Da noch die Ängste ihre Sinne banden.
Sie schwiegen erst. Doch eine hat verstanden –
Sie ging zurück – sah Ihn lebendig dort.

„Sagt Seinen Jüngern: Er geht euch voraus!"
So hatte sie's gehört und richtet's aus,
Aus Magdala die siebenfach Befreite.

Maria, wenn wir stumm vor Schrecken sind,
Wenn Angst uns schweigen lässt von Deinem Kind,
Dann mach uns Mut und gibt uns dein Geleite.

Apostelgeschichte 1,4-11

Beim gemeinsamen Mahl gebot Er ihnen: „Geht nicht weg von Jerusalem, sondern wartet auf die Verheißung des Vaters, die ihr von Mir vernommen habt! Denn Johannes hat mit Wasser getauft, ihr aber werdet schon in wenigen Tagen mit dem Heiligen Geist getauft werden." Als sie nun beisammen waren, fragten sie Ihn: „Herr, stellst du in dieser Zeit das Reich für Israel wieder her?" Er sagte zu ihnen: „Euch steht es nicht zu, Zeiten und Fristen zu erfahren, die der Vater in seiner Macht festgesetzt hat. Aber ihr werdet Kraft empfangen, wenn der Heilige Geist auf euch herabkommen wird; und ihr werdet Meine Zeugen sein in Jerusalem und in ganz Judäa und Samarien und bis an die Grenzen der Erde." Als Er das gesagt hatte, wurde Er vor ihren Augen emporgehoben und eine Wolke nahm Ihn auf und entzog Ihn ihren Blicken. Während sie unverwandt Ihm nach zum Himmel emporschauten, siehe, da standen zwei Männer in weißen Gewändern bei ihnen und sagten: „Ihr Männer von Galiläa, was steht ihr da und schaut zum Himmel empor? Dieser Jesus, der von euch fort in den Himmel aufgenommen wurde, wird ebenso wiederkommen, wie ihr Ihn habt zum Himmel hingehen sehen."

Jesus, der in den Himmel aufgefahren ist

Wir kennen nicht die Fristen oder Zeiten,
Wir wissen nur, daß Er uns Heil verheißt.
Doch Kraft empfangen wir durch Heilgen Geist,
Denn wir sind Seine Jünger, die Befreiten.

Er lässt uns Seine Zeugen sein. Er weist
Zum Vater, und Er will uns zu Ihm leiten,
Und will, daß wir die ganze Welt bereiten
Zum guten Ende, da Ihn alles preist.

Er ist beim Vater, und vor Ihm verneigen
Sich Mächte und Gewalten voller Liebe.
Wann ruht vor Ihm der wilden Welt Getriebe?

Maria, hilf uns, wenn wir von Ihm sprechen
Zu dieser Welt, der spöttischen und frechen,
daß wir mit Wort und Tat den Himmel zeigen.

Apostelgeschichte 2,1-13

Als der Tag des Pfingstfestes gekommen war, waren alle zusammen am selben Ort. Da kam plötzlich vom Himmel her ein Brausen, wie wenn ein heftiger Sturm daherfährt, und erfüllte das ganze Haus, in dem sie saßen. Und es erschienen ihnen Zungen wie von Feuer, die sich verteilten; auf jeden von ihnen ließ sich eine nieder. Und alle wurden vom Heiligen Geist erfüllt und begannen, in anderen Sprachen zu reden, wie es der Geist ihnen eingab. In Jerusalem aber wohnten Juden, fromme Männer aus allen Völkern unter dem Himmel. Als sich das Getöse erhob, strömte die Menge zusammen und war ganz bestürzt; denn jeder hörte sie in seiner Sprache reden. Sie waren fassungslos vor Staunen und sagten: „Seht! Sind das nicht alles Galiläer, die hier reden? Wieso kann sie jeder von uns in seiner Muttersprache hören: Parther, Meder und Elamiter, Bewohner von Mesopotamien, Judäa und Kappadokien, von Pontus und der Provinz Asien, von Phrygien und Pamphylien, von Ägypten und dem Gebiet Libyens nach Kyrene hin, auch die Römer, die sich hier aufhalten, Juden und Proselyten, Kreter und Araber - wir hören sie in unseren Sprachen Gottes große Taten verkünden." Alle gerieten außer sich und waren ratlos. Die einen sagten zueinander: „Was hat das zu bedeuten?" Andere aber spotteten: „Sie sind vom süßen Wein betrunken."

Jesus, der uns den Heiligen Geist gesandt hat

Auf Jesu Jünger fielen Flammenzungen,
Befeuert lobten sie in allen Sprachen
Den Herrn, und Schranken zwischen Völkern brachen,
Und mancher fragte: Wie ist das gelungen?

Dies war nicht mehr die Schar der Kleinen, Schwachen!
Doch jener Pfingsten Jubel ist verklungen.
In manchem Gottesdienst wird noch gerungen,
Von neuem jenes Wunder anzufachen.

Oft glaubt die Kirche kaum noch, was sie singt.
Maria, bitte du um Gottes Geist,
Daß man Ihn wieder ohne Schranken preist!

Du Mutter, hilf uns, daß wir freudig glauben,
Daß nichts uns die Begeisterung kann rauben,
Daß Gotteslob in aller Welt erklingt.

Offenbarung 12,1

Dann erschien ein großes Zeichen am Himmel: eine Frau, mit der Sonne bekleidet; der Mond war unter ihren Füßen und ein Kranz von zwölf Sternen auf ihrem Haupt.

Hoheslied 8,5

Wer ist sie, die aus der Wüste heraufsteigt, auf ihren Geliebten gestützt?

Jesus, der dich, o Jungfrau, in den Himmel aufgenommen hat

Dein Sohn hat dich im Himmel aufgenommen,
Kaum daß du friedlich, ohne Qual, entschlafen.
Du kamst vom Meer der Welt in Himmels Hafen,
Viel sanfter, als zum Land die Schiffe kommen.

Du hast gelitten unter jenen Strafen,
Die Er für alle Welt auf Sich genommen.
Du Mutter aller Sünder, aller Frommen,
Verdientest keins der Übel, die dich trafen.

Maria, bitte für die Armen Seelen,
Die sich mit ungebüßter Schuld noch quälen,
Die noch nicht finden aus der Schreckenszeit.

Bitt Ihn, der selber Weg und Tür sich nennt,
Und der die Nöte aller Seelen kennt:
Er führe sie in Seine Ewigkeit.

Offenbarung 12,1

Dann erschien ein großes Zeichen am Himmel: eine Frau, mit der Sonne bekleidet; der Mond war unter ihren Füßen und ein Kranz von zwölf Sternen auf ihrem Haupt.

Jesus, der dich, o Jungfrau, im Himmel gekrönt hat

Dein Krönungsmantel ist aus Sonnenlicht,
Und unter deinen Füßen scheint der Mond.
Du Königin, von Schuld und Tod verschont,
Du schaust voll Liebe Jesu Angesicht.

Du wohnst bei Ihm. Er hat dich einst bewohnt.
Der, dem die Welt die Dornenkrone flicht,
Und dessen Tod des Satans Krone bricht,
Der auferstanden überm Himmel thront,

Hat eine schönre Krone dir gegeben:
Die schönsten Sterne über Israel
Bekränzen dich und leuchten uns voran.

Maria, bitte Ihn, der alles Leben
Erschuf und liebt, Er mache alles hell,
Er gebe, daß Ihm jeder folgen kann.

Die trostreichen Geheimnisse

Johannes 18,34-37

Da ging Pilatus wieder in das Prätorium hinein, ließ Jesus rufen und fragte Ihn: „Bist Du der König der Juden?" Jesus antwortete: „Sagst du das von dir aus oder haben es dir andere über Mich gesagt?" Pilatus entgegnete: „Bin ich denn ein Jude? Dein Volk und die Hohepriester haben dich an mich ausgeliefert. Was hast du getan?" Jesus antwortete: „Mein Königtum ist nicht von dieser Welt. Wenn Mein Königtum von dieser Welt wäre, würden Meine Leute kämpfen, damit Ich den Juden nicht ausgeliefert würde. Nun aber ist Mein Königtum nicht von hier." Da sagte Pilatus zu Ihm: „Also bist Du doch ein König?" Jesus antwortete: „Du sagst es, Ich bin ein König. Ich bin dazu geboren und dazu in die Welt gekommen, daß Ich für die Wahrheit Zeugnis ablege. Jeder, der aus der Wahrheit ist, hört auf Meine Stimme."

Offenbarung 19,6-7

Da hörte ich etwas wie den Ruf einer großen Schar und wie das Rauschen gewaltiger Wassermassen und wie das Rollen mächtiger Donner; die Worte waren: „Halleluja! Denn König geworden ist der Herr, unser Gott, der Herrscher über die ganze Schöpfung. Wir wollen uns freuen und jubeln und Ihm die Ehre erweisen."

Jesus, der als König herrscht

Du bist der König! Niemand außer Dir
Kann irgendetwas tun aus eigner Macht.
Kein andrer Herrscher hat das Heil gebracht.
Du bist die Wahrheit, und Du sprichst aus ihr.

Der Kleiderteppich und die Palmenpracht
Macht keinen Größern als Du bist aus Dir.
Nicht kleiner macht Dich letzte Erdenzier:
Die Dornenkrone in der Kreuzesnacht.

Du bist der König über alle Welten!
Du bist mein König, sollst mir alles gelten,
Mein Herr ist niemand außer Dir allein.

Maria, Du bist Königin durch Ihn –
Hilf mir, die Herrschsucht und den Stolz zu fliehn.
Aus Liebe dienend will ich bei Ihm sein.

Epheser 1,17-23

Der Gott Jesu Christi, unseres Herrn, der Vater der Herrlichkeit, gebe euch den Geist der Weisheit und Offenbarung, damit ihr Ihn erkennt. Er erleuchte die Augen eures Herzens, damit ihr versteht, zu welcher Hoffnung ihr durch Ihn berufen seid, welchen Reichtum die Herrlichkeit Seines Erbes den Heiligen schenkt und wie überragend groß Seine Macht sich an uns, den Gläubigen, erweist durch das Wirken Seiner Kraft und Stärke. Er ließ sie wirksam werden in Christus, den Er von den Toten auferweckt und im Himmel auf den Platz zu Seiner Rechten erhoben hat, hoch über jegliche Hoheit und Gewalt, Macht und Herrschaft und über jeden Namen, der nicht nur in dieser Weltzeit, sondern auch in der künftigen genannt wird. Alles hat Er Ihm zu Füßen gelegt und Ihn, der als Haupt alles überragt, über die Kirche gesetzt. Sie ist Sein Leib, die Fülle dessen, der das All in allem erfüllt.

Jesus, der in Seiner Kirche lebt und wirkt

In der Gestalt von Brot und Wein zur Nahrung,
Zur Heilung meiner Seele, höchstes Gut,
Im Herzen, das Ihn liebt und in Ihm ruht,
Schenkt Er sich selbst der Kirche zur Bewahrung.

In der Gemeinde als der treue Mut,
Im Sakrament als stärkende Erfahrung,
In manchem plötzlich eine Offenbarung,
Ein Windstoß in des Geistes schwache Glut:

So lebt der Herr und wirkt und ist zugegen
Als Haupt der Kirche, die auf Ihn gebaut,
Mit Seinem Leib in Seinem Leib, der Braut.

Maria, Urbild, Mutter voller Gnaden,
Wenn böse Mächte Christi Kirche schaden,
Dann steh ihr bei und gib ihr deinen Segen.

Markus 13,24-27

Aber in jenen Tagen, nach jener Drangsal, wird die Sonne verfinstert werden und der Mond wird nicht mehr scheinen; die Sterne werden vom Himmel fallen und die Kräfte des Himmels werden erschüttert werden. Dann wird man den Menschensohn in Wolken kommen sehen, mit großer Kraft und Herrlichkeit. Und Er wird die Engel aussenden und die von ihm Auserwählten aus allen vier Windrichtungen zusammenführen, vom Ende der Erde bis zum Ende des Himmels.

Offenbarung 22,16-22

„Ich, Jesus, habe meinen Engel gesandt als Zeugen für das, was die Gemeinden betrifft. Ich bin die Wurzel und der Stamm Davids, der strahlende Morgenstern." Der Geist und die Braut aber sagen: „Komm! Wer hört, der rufe: Komm! Wer durstig ist, der komme! Wer will, empfange unentgeltlich das Wasser des Lebens!" Ich bezeuge jedem, der die prophetischen Worte dieses Buches hört: Wer etwas hinzufügt, dem wird Gott die Plagen zufügen, von denen in diesem Buch geschrieben steht. Und wer etwas wegnimmt von den prophetischen Worten dieses Buches, dem wird Gott seinen Anteil am Baum des Lebens und an der heiligen Stadt wegnehmen, von denen in diesem Buch geschrieben steht. Er, der dies bezeugt, spricht: „Ja, ich komme bald." - Amen. Komm, Herr Jesus!

Jesus, der wiederkommen wird in Herrlichkeit

Wenn einst die Not vorbei ist, wird Er kommen,
Der Christus voller Kraft und Herrlichkeit.
Dann leben wir in goldner Ewigkeit,
Und keinem wird das Leben mehr genommen.

Was Engel und Propheten durch die Zeit
Gekündet haben, als noch Sterne glommen,
Was alte Dichter ahnten noch verschwommen,
Hält Er für Seine Treuen dann bereit.

Dann hält der Herr die Kirche fest umschlungen,
Dann laden beide wie aus einem Mund
Die ganze Welt zu ihrer Hochzeit ein.

Die du mit einem Drachen hast gerungen,
Maria, hilf, daß ich in diesem Bund
Darf ewig selig und geborgen sein.

Matthäus 25,31-46

Jesus aber sagte zu ihnen: „Amen, amen, Ich sage euch: Der Sohn kann nichts von sich aus tun, sondern nur, wenn Er den Vater etwas tun sieht. Was nämlich der Vater tut, das tut in gleicher Weise der Sohn. Denn wie der Vater die Toten auferweckt und lebendig macht, so macht auch der Sohn lebendig, wen Er will. Auch richtet der Vater niemanden, sondern Er hat das Gericht ganz dem Sohn übertragen, damit alle den Sohn ehren, wie sie den Vater ehren. Wer den Sohn nicht ehrt, ehrt auch den Vater nicht, der Ihn gesandt hat. Amen, amen, Ich sage euch: Wer Mein Wort hört und dem glaubt, der Mich gesandt hat, hat das ewige Leben; er kommt nicht ins Gericht, sondern ist aus dem Tod ins Leben hinübergegangen. Amen, amen, Ich sage euch: Die Stunde kommt und sie ist schon da, in der die Toten die Stimme des Sohnes Gottes hören werden; und alle, die sie hören, werden leben. Denn wie der Vater das Leben in sich hat, so hat Er auch dem Sohn gegeben, das Leben in sich zu haben. Und Er hat ihm Vollmacht gegeben, Gericht zu halten, weil Er der Menschensohn ist. Wundert euch nicht darüber! Die Stunde kommt, in der alle, die in den Gräbern sind, seine Stimme hören und herauskommen werden: Die das Gute getan haben, werden zum Leben auferstehen, die das Böse getan haben, werden zum Gericht auferstehen. Von Mir selbst aus kann Ich nichts tun; Ich richte, wie Ich es vom Vater höre, und Mein Gericht ist gerecht, weil Ich nicht Meinen Willen suche, sondern den Willen dessen, der Mich gesandt hat.“

Jesus, der richten wird
die Lebenden und die Toten

Der Herr ist Richter über alle Welt!
Sein ist die Rache, Sein ist das Gericht.
Der Sohn vergilt so, wie der Vater spricht,
Kein ungerechtes Menschenurteil fällt.

Wer Jesus hört und glaubt, der steht im Licht.
Doch sehn wir klar, wie es um uns bestellt,
Daß auch den Besten nur die Gnade hält –
All unser Tun und Lassen hat Gewicht.

Er ist ganz voll Barmherzigkeit und Gnade,
Er ist die Liebe selbst. Der schwerste Schade
Wird schon bei kleiner Reue ganz vergeben.

Maria, hilf uns, daß wir unsre Sünden
Nicht selbst vergeben und nicht klug begründen,
Daß wir vor Ihm bereuen und dann leben.

1 Korinther 15,50b-58

Fleisch und Blut können das Reich Gottes nicht erben; das Verwesliche erbt nicht das Unverwesliche. Seht, ich enthülle euch ein Geheimnis: Wir werden nicht alle entschlafen, aber wir werden alle verwandelt werden - plötzlich, in einem Augenblick, beim letzten Posaunenschall. Die Posaune wird erschallen, die Toten werden als Unverwesliche auferweckt, wir aber werden verwandelt werden. Denn dieses Verwesliche muss sich mit Unverweslichkeit bekleiden und dieses Sterbliche mit Unsterblichkeit. Wenn sich aber dieses Verwesliche mit Unverweslichkeit bekleidet und dieses Sterbliche mit Unsterblichkeit, dann erfüllt sich das Wort der Schrift: Verschlungen ist der Tod vom Sieg. Tod, wo ist dein Sieg? Tod, wo ist dein Stachel? Der Stachel des Todes aber ist die Sünde, die Kraft der Sünde ist das Gesetz. Gott aber sei Dank, der uns den Sieg geschenkt hat durch unseren Herrn Jesus Christus. Daher, meine geliebten Brüder und Schwestern, seid standhaft und unerschütterlich, seid stets voll Eifer im Werk des Herrn und denkt daran, daß im Herrn eure Mühe nicht vergeblich ist!

Jesus, der alles vollenden wird

Der Sieg des Herrn wird allen Tod verschlingen!
Wir werden unzerstörbar ewig leben,
Ein neuer, edler Leib wird uns gegeben,
In dem wir nie mehr mit der Sünde ringen!

Dann wird an uns nie mehr das Böse kleben,
Und keine Mächte können uns noch zwingen.
Wir werden unser Schweigen, unser Singen
Zu immer neuem frohem Lobpreis weben.

Durch Seine Liebe dürfen wir bestehen,
Und uns umfängt für immer Sein Erbarmen.
So wird der Herr Sein großes Werk vollenden.

Maria, dich auch dürfen wir dann sehen,
Als unsre Mutter liebevoll umarmen.
Führ uns mit deinen sanften starken Händen!

Von Claudia Sperlich ebenfalls erschienen:

Die Argonauten. Orpheus. Zwei griechische Sagen, tredition 2020, 116 S.

Die Befreier. 13 Geschichten von Verwandten, Nachbarn und anderen Dämonen, tredition 2017, 108 S.

Gut Nacht, tredition 2016, 64 S.

Zyklische Sonette, tredition 2016, 112 S.

Hymnarium. Lateinische Hymnen der Kirche neu übersetzt. Zweisprachige Ausgabe, tredition 2016, 124 S.

Archipoeta – Der Erzdichter, tredition 2016, 120 S.

Lass mich bekennen Deine Mandelblüte. Gedichte. Einband und Illustrationen: Doris Kollmann, tredition 2015, 120 S.

René Rapin: Hortorum Libri IV. Die Gärten – Gedicht in vier Büchern. Textkritische Ausgabe und Übersetzung, Kommentar und Quellenedition: Clemens Alexander Wimmer, Übersetzung: Claudia Sperlich, VDG Stuttgart 2012

Mein berufliches Weblog:
https://claudiasperlichautorin.wordpress.com
Mein privates Weblog:
https://katholischlogisch.blog/

Auf Radio Horeb – horeb.org – kann man mich gelegentlich hören.

Mein besonderer Dank gilt Maryse Fritzsch-Thillens,
Rosenkranz-Atelier,
1 op der Thonn, L-7270 Helmsange/Luxembourg,
www.rosenkranz-atelier.com,
die mir Photos ihrer Arbeiten für dies Bändchen
überließ.

MIX

Papier | Fördert
gute Waldnutzung

FSC® C083411

Zeitfracht Medien GmbH
Ferdinand-Jühlke-Straße 7
99095 Erfurt, Deutschland
produktsicherheit@kolibri360.de